GW01605248

Éditeur : Christian Ryo
Coordination éditoriale : Isabelle Rousseau
Collaboration éditoriale : Maud Pendelio
Conception graphique et mise en pages : attitude.graphique, Rostrenen (22)
Photogravure : Eric Guglielmi, Ivry-sur-Seine
Impression : Pollina, à Luçon (85) - L44008

Édilarge SA, Rennes
ISBN 978-2-7373-4321-6
Dépôt légal : octobre 2007
N° d'éditeur : 5504.01.06.10.07
Imprimé en France

Retrouvez-nous sur www.editionsouestfrance.fr

PIERRE BONTE

MARC COMBIER

Je me souviens de la Bourgogne

Editions OUEST-FRANCE

INTRODUCTION

Ce livre est fait de « petits morceaux de quotidien », comme disait Georges Pérec, que nous avons choisi de rassembler en puisant dans un trésor de la mémoire populaire : l'incalculable collection de cartes postales diffusées par la maison d'édition Combier, à Mâcon, entre 1950 et 1970.

Pourquoi avoir retenu cette période ? D'abord parce que, pour beaucoup d'entre nous, elle est celle de notre enfance ou de notre adolescence, autrement dit la plus belle… ou du moins celle qui nous a laissé les plus jolis souvenirs. Souvenirs en sommeil, le plus souvent, mais qui n'attendent qu'une occasion pour se réveiller, « suscitant pendant quelques secondes une impalpable petite nostalgie ». C'est ce que nous souhaitons provoquer avec ces images ordinaires d'un temps tout proche mais qui nous semble déjà très lointain. Tant de choses ont changé, au cours des dernières décennies !

C'est ce qui fait, d'ailleurs, l'intérêt de cette période. Les années 50-60 marquent la fin d'une civilisation rurale traditionnelle, soudainement bouleversée par la mécanisation de l'agriculture, l'exode des campagnes, l'avènement de la société de consommation. Les abreuvoirs vont bientôt disparaître du paysage. Les lavoirs gardent encore une clientèle mais à Paris, au Grand Palais, le Salon des Arts ménagers attire une foule considérable, fascinée par les nouvelles machines à laver qui vont entrer, peu à peu, dans tous les foyers.

À la ville comme à la campagne, on se déplace à la vitesse du vélo, omniprésent sur les cartes postales ; mais les premières voitures populaires ont fait leur apparition et elles vont bientôt conquérir les routes et les places.

Bien d'autres images témoignent ainsi des derniers moments d'une époque révolue.

Les années 50-60 annoncent aussi la fin d'un certain style de cartes postales. À partir de 1970, les éditeurs commencent à connaître des difficultés à cause de la concurrence du téléphone et de l'appareil photo. Alors, par souci de rentabilité, pour augmenter la durée de vie

À droite

Le bal

Un dimanche après-midi d'été dans une auberge de la campagne mâconnaise. Les invités du banquet ont quitté la table pour prendre l'air ou se dégourdir les jambes sur le parquet de bal posé dans la cour. Réunion de famille ou fête locale ? La carte postale ne le dit pas.

des cartes, ils vont éliminer tout ce qui pourrait les dater : les personnages, dont les tenues vestimentaires varient avec la mode, les voitures, qui changent de modèle, les publicités… Ils suppriment du même coup tout ce qui donnait aux cartes postales valeur de document sur une époque ou sur une région.

Pour les mêmes raisons économiques, ils ne vont plus s'intéresser qu'aux villes et aux communes touristiques, qui permettent des tirages importants et qui disposent encore de nombreux points de vente. Jean Combier, qui a débuté dans l'édition en 1907, se targuait, sur la fin de sa vie, en 1968, d'avoir « mis en cartes » (postales) toutes les communes de France, jusqu'aux plus petites. Aujourd'hui, une sur dix, seulement, a encore son nom inscrit au dos d'une carte postale.

J'ajoute qu'un phénomène nouveau : la revendication par tout un chacun du « droit à l'image », a rendu les éditeurs prudents. Pour échapper à tout risque de procès, ils se gardent, désormais, de laisser apparaître le moindre visage sur leurs clichés, déshumanisant ainsi un peu plus l'univers de la carte postale.

Voilà pourquoi cet album est si précieux.

Avec Marc Combier, qui a fait don au musée Nicéphore-Niépce à Chalon-sur-Saône du fonds constitué par son père, j'ai pris beaucoup de plaisir, en tout cas, à me replonger dans ces années d'après-guerre, qui marquaient – mais nous ne le savions pas – l'avènement d'un monde nouveau. J'ai eu la chance d'en être le témoin quotidien, à partir de 1959, grâce à mon émission « Bonjour Monsieur le Maire », qui m'a permis de rencontrer en Bourgogne des personnages aussi savoureux que le père Liochon à Mâcon, Marcelle Pitaval à Bouze-les-Beaune, ou les époux Dureuil à Laborde, et je suis heureux, grâce à l'œuvre de Jean Combier, de pouvoir prolonger la mémoire de cette époque dont j'ai parfois la nostalgie.

Pierre BONTE

À droite

PERNAND-VERGELESSES (Côte-d'Or)

Dans les vignes

Les vendanges se faisaient partout à la main, bien sûr, et la main d'œuvre se recrutait facilement dans les environs. Aujourd'hui, 95 % des vignobles sont vendangés mécaniquement dans le Chablis et le Mâconnais, 60 % dans le Chalonnais et 30 % dans les Côtes de Nuits et Côtes de Beaune. Le clocher de l'église de Pernand-Vergelesses (à droite) s'est enrichi depuis lors d'une couverture en tuiles vernissées.

Par les champs et les vignes

À gauche
SAINT-ANDEUX (Côte-d'Or)
La moisson
Les haies délimitaient encore les parcelles mais la moissonneuse-lieuse faisait déjà partie du matériel agricole. Les gerbes de blé sortant de la machine étaient ensuite dressées les unes contre les autres pour former de petites meules qu'on appelait des croisillons, en Bourgogne.
Elles séchaient ainsi à l'air libre avant d'être hissées une par une sur une charrette, avec une fourche à long manche, et conduites à la batteuse.

À gauche

Dans la Côte de Beaune

Les façons de vendanger variaient selon les secteurs. Dans la Côte de Beaune, on utilisait habituellement ces grands paniers en osier aux formes bombées, qui évoquent spontanément celles d'un soutien-gorge, et l'on avait une façon bien particulière de les emboîter l'un dans l'autre pour les transporter à vide.

La vie des agriculteurs et des viticulteurs bourguignons, dans les années 50, n'est pas très différente de celle qu'avaient connue les générations antérieures. Les outils, les méthodes de culture, le paysage, les mentalités sont à peu près les mêmes depuis des siècles. Et pourquoi changerait-on sa façon de travailler puisque « on a toujours fait comme ça » ? C'est la réplique imparable qu'on oppose à ceux qui tentent de remettre en cause le système.

Exploitants et salariés agricoles composent la majorité de la population du village comme du conseil municipal qui assure leur position dominante. Ce sont eux, principalement, qui font vivre les commerçants et les artisans du bourg.

Mais cet ordre ancien est en train de vaciller. Une nouvelle génération arrive à maturité, animée d'un profond désir de changement, avec la volonté de faire entrer l'agriculture dans la « modernité ». Ces jeunes épris de progrès vont obtenir de leur père l'achat du premier tracteur et vont enclencher le processus de mécanisation, avec toutes les conséquences que l'on connaît. Cette révolution agricole va éliminer, en un demi-siècle, les neuf dixièmes des paysans français.

Ci-contre

Scène de vendange

Les femmes étaient nombreuses à ramasser le raisin mais ce sont les hommes qui le portaient jusqu'à la charrette dans ces grands paniers, dont la forme arrondie épousait celle de l'épaule.

Ci-contre

Dans les vignes de Puligny-Montrachet (Côte-d'Or)

Du côté de Puligny-Montrachet, les vendangeurs ramassaient le raisin dans des petits paniers qu'on appelait des vendangerots puis le versaient dans des hottes en tôle qui étaient portées à dos d'homme jusqu'à une cuve en bois (la ballonge) solidement fixée sur la charrette à deux roues. Précision technique : comme la plupart des autres cartes postales en couleurs de l'époque et donc du livre, il s'agit ici en réalité d'une photo « colorisée », réalisée manuellement à partir d'un négatif noir et blanc, au moyen de tampons encreurs. Ce procédé a été utilisé jusqu'en 1968. Les couleurs très approximatives, avec des verts criards, ont valu à ces cartes le qualificatif de « plats d'épinards ».

Ci-contre

La pause

Le meilleur moment des vendanges : la pause-déjeuner. Le grand panier, bien pratique, épousait aussi la forme des fesses, permettant aux vendangeuses de s'asseoir.

Ci-contre

BEAUNE (Côte-d'Or)

Le premier enjambeur de la maison Bobard Jeune

L'arrivée des premiers tracteurs-enjambeurs, en 1957, dans les vignes de Bourgogne, pour remplacer le cheval, a été une véritable révolution. Les résistances furent aussi fortes que lors du passage de la vendange manuelle à la machine à vendanger. Il fallut attendre 1965 pour que le tracteur-enjambeur soit adopté par la majorité des vignerons.
Il a fait en tout cas la fortune de la maison Bobard Jeune, à Beaune, qui est restée une entreprise familiale à 100 %, et qui est actuellement leader sur le marché français du tracteur-enjambeur.

Ci-dessus

CHARNAY-LES-MÂCON (Saône-et-Loire)

Vendanges en Mâconnais

Les deux porteurs de benne étaient des salariés de Jean Combier, l'éditeur de ces cartes postales, qui mobilisait tout son personnel pendant quelques jours pour vendanger les six hectares de vignes du château de Perthuis, sa propriété. Il en tirait un vin mousseux, « La Mousseline », qu'il offrait en cadeau de fin d'année aux meilleurs revendeurs de cartes postales. Le vignoble comme le château ont fait les frais de l'urbanisation de Charnay-les-Mâcon. Ils ont fait place à un lotissement.

Ci-dessous
BURGY (Saône-et-Loire)
Le sulfatage manuel des vignes
Sauf dans les parcelles trop morcelées ou difficiles d'accès, le sulfatage manuel a pratiquement disparu, pour le traitement des vignes, depuis l'apparition des pulvérisateurs, de plus en plus puissants.

Ci-dessus

En vendanges

Personne ne croira que cette jolie Bourguignonne soigneusement permanentée, avec son petit panier tout neuf, est une vraie vendangeuse, mais ce genre de carte postale-souvenir-passe-partout présentait le grand avantage de pouvoir être vendu dans toute la Bourgogne, tout comme les deux cartes suivantes, qui sont plus révélatrices d'une époque et d'un métier que d'un lieu précis..

Ci-dessus

Pipette et tastevin

La pipette en verre pour aspirer le vin du tonneau, le tastevin pour le goûter, c'étaient les deux outils de base du vigneron dans sa cave. Il n'éprouvait pas encore le besoin de faire appel à un œnologue pour tester l'évolution et la fermentation de son vin. La technique se transmettait simplement et indéfiniment de père en fils.

Ci-contre

A la cave. Quel bouquet !

Dans la majorité des caves, les cuves en inox ont remplacé les tonneaux pour loger le vin, exception faite pour les grands crus.

Ci-contre

Le pressoir à grand point

On trouvait couramment ce type de pressoir dans le vignoble mâconnais. On l'appelait pressoir « à grand point », c'est-à-dire à grande puissance. Il exigeait néanmoins de celui qui tournait la vis une force hors du commun.

Ci-dessus et ci-contre

IRANCY (Yonne)

Dégustation au cellier

En Bourgogne, la cave n'était pas une annexe. C'était la pièce principale de la maison, au-dessus de laquelle s'édifiait tout le reste.

Les procédés modernes de vinification ont changé beaucoup d'habitudes. Les chais, toujours construits en surface, remplacent de plus en plus les caves pour loger et conserver le vin.

À droite

BURGY (Saône-et-Loire)

Les premières bulles

En 1950, un vigneron de Burgy, M. Létourneau, a été l'un des premiers en Bourgogne à se lancer dans la champagnisation de son vin. Le dégorgement et le bouchage des bouteilles se faisait de manière artisanale, comme on le voit sur cette carte postale promotionnelle. Son petit-fils continue la production de vins effervescents, en n'utilisant que la récolte de ses 9 hectares de chardonnay.

77

Ci-dessus

SAINT-GERMAIN-DU-BOIS (Saône-et-Loire)

Ferme bressane louhannaise

Un bâtiment allongé, des murs en briques et pans de bois, un toit en tuiles avec une avancée sous laquelle on faisait sécher le maïs, des poules blanches (aux pattes bleues) qui courent en liberté… C'était la ferme traditionnelle, dans la Bresse louhannaise.

À droite

COURGIS (Yonne)

La batteuse

Cette bruyante machine qui crachait plein de poussières a laissé des regrets chez beaucoup de vieux agriculteurs. Au point qu'on organise aujourd'hui des « fêtes de la batteuse », au cours desquelles les anciens tentent de recréer l'ambiance laborieuse mais très joyeuse, paraît-il, qui régnait lors des journées de battage, dans la cour de la ferme. Le soir, les repas de batteuse, toujours bien arrosés, réunissaient les travailleurs autour d'une table copieusement garnie. On était heureux parce que la moisson était terminée, le blé à l'abri, le revenu de l'année assuré.

À droite
BRASSY (Nièvre)
Au pas du cheval
Image ordinaire d'un village du Morvan, dans les années 50, avant que le cheval de trait ne cède la place au tracteur. Le cheval et son propriétaire formaient un véritable couple, en ce temps-là. Il y avait entre eux une relation très forte, une sorte d'affection reconnaissante, sentiment qui se retrouvait, à un degré moindre, avec d'autres animaux de la ferme : les vaches, les chèvres. Comme le cheval, d'ailleurs, elles portaient généralement un petit nom. L'industrialisation de l'agriculture et de l'élevage a supprimé cette familiarité, et beaucoup, parmi les vieux agriculteurs, ne s'en sont jamais consolés.

Ci-contre
BUSSIERES (Saône-et-Loire)
La scierie de M. Merle
Les débardeurs amènent des troncs de peuplier à la scierie de M. Merle, qui fonctionnait grâce à une écluse et une turbine installée sur la petite Grosne, la rivière qui traverse Bussières, ce village du val Lamartine, où le poète venait apprendre le latin chez l'abbé Dumont, le curé de la paroisse, immortalisé dans *Jocelyn*. L'image date des dernières années de la scierie.

Ci-contre
ASNOIS (Nièvre)
La place du jeu de quilles
Les enfants jouent autour des vestiges d'un puits communal de forme ovale qui fut démantelé au XIXe siècle et dont les pierres furent vendues pour financer l'installation de pompes à bras, plus « modernes ».

Ci-contre
JOUDES (Saône-et-Loire)
La faucheuse
Dans les petites exploitations familiales, pour la fenaison, on utilisait encore ce type de faucheuse (dont la barre de coupe est ici relevée), tirée par un attelage de chevaux. C'est le mouvement des roues qui actionnait la barre de coupe.

À droite
PONT (Côte-d'Or)
Le vert paradis des amours enfantines...
Souvenir d'enfance à la campagne, à l'âge des poupées et des livres d'images.

Au village sans prétention...

À gauche
NANTOUX (Côte-d'Or)
Au printemps
Un village de la campagne beaunoise, tout à côté de Bouze-les-Beaune, où vivait mon amie Marcelle Pitaval en compagnie de ses « biquettes ».

À gauche
ESCOLIVES-SAINTE-CAMILLE (Yonne)
Vu du ciel
Bâti sur une butte qui surplombe la RN 6, Escolives-Sainte-Camille était alors un paisible village de 500 habitants qui vivaient principalement de l'agriculture. Sa proximité d'Auxerre (12 km) en a fait un village-dortoir dont la population a doublé en vingt ans mais dont tous les commerces ont disparu, à l'exception d'un café, tandis que poussaient les HLM sur les anciennes terres agricoles.

On ne parlait pas encore de mondialisation. Quand quelqu'un vous disait qu'il aimait le monde, cela voulait simplement dire qu'il se plaisait à rencontrer les gens, à bavarder avec eux. Et son monde, bien souvent, se limitait aux frontières de son village : un petit monde familier, suffisant, dans lequel il se sentait bien, protégé.
La vie villageoise avait ses traditions, ses rites qui entretenaient ce qu'on appelle aujourd'hui le « lien social ». Elle avait aussi ses lieux de rencontre incontournables : le café, pour les hommes ; le lavoir, pour les femmes ; l'église, qui se remplissait le dimanche à l'heure de la messe et lors des cérémonies religieuses (mariages, enterrements) ; le cimetière, où chaque famille avait son caveau et ses défunts ; l'école, qui n'avait pas encore succombé à la mode des regroupements scolaires.
Autour du clocher, les jours s'écoulaient tranquillement, rythmés par le chant du coq et l'Angélus, que de nouveaux résidents venus de la ville allaient bientôt tenter de supprimer pour cause de « nuisance sonore »…
Mais on n'en est pas encore là. Le souci numéro un des maires de petites communes, en ces années 50-60, c'est l'exode des jeunes, qui ont d'autres envies et qui sont de plus en plus attirés par le modèle urbain.

À gauche

SAINT-MAURICE-EN-RIVIERE (Saône-et-Loire)

La mosaïque des champs

Vue d'avion, tel était l'aspect de la plaine de la Saône dans les années 60 : une mosaïque de parcelles étroites que se partageaient un nombre encore important d'agriculteurs. Depuis lors, à Saint Maurice-en-Rivière, il y a eu le remembrement (en 1992) et le regroupement progressif des exploitations. De la cinquantaine d'agriculteurs de l'époque, il en reste cinq, qui se sont agrandis aux dépens des autres et cultivent des parcelles beaucoup plus vastes, plus facilement exploitables avec du matériel moderne.
Même l'église a disparu du paysage : le clocher s'est effondré en 1966, à la suite d'une crue de la Saône, et les murs de pierre ont été démantelés.

Ci-dessus

TEIGNY (Nièvre)

Une ferme morvandelle

Toutes les communes, même les plus petites, méritent d'avoir leurs cartes postales, professait Jean Combier. Teigny n'avait que 115 habitants au recensement de 1962, mais le photographe de la maison Combier s'y est quand même arrêté pour saisir et immortaliser cette scène de la vie rurale.

Ci-contre et ci-dessous

VEROSVRES (Saône-et-Loire)

L'école ménagère

L'école ménagère de Verosvres était installée dans la maison natale de sainte Marguerite-Marie Alacoque, la religieuse qui fut à l'origine de la dévotion au Sacré-Cœur et des pèlerinages de Paray-le-Monial. Les jeunes filles s'y préparaient à être de parfaites mères de famille et maîtresses de maison, apprenant par exemple à langer un bébé avec un baigneur en celluloïd... L'école est devenue un lycée professionnel privé mixte qui forme aux métiers de la ruralité et qui accueille 180 élèves, une aubaine pour cette commune de 478 habitants.

À droite

SAINT-SEINE-L'ABBAYE (Côte-d'Or)

La maison d'enfants

Au début des années 50, il y avait à Saint-Seine-l'Abbaye, dans une vieille demeure du XVIIIe siècle, une « maison d'enfants » gérée par des religieuses où les médecins parisiens pouvaient envoyer les gamins déficients. Ils y retrouvaient rapidement bonne mine, apparemment... À 450 m d'altitude, la commune leur offrait, en plus du bon air, des sources dont les eaux avaient des vertus bienfaisantes. Le conseil général a repris la gestion de l'établissement, qui accueille aujourd'hui des enfants en difficultés sociales ou familiales.

Ci-dessus

LA MAISON-DIEU (Nièvre)

« L'Hôtel Roblin »

« L'Hôtel Roblin » (du nom de la famille qui l'a tenu pendant soixante-dix ans), à La Maison-Dieu, faisait aussi café, tabac, restaurant et station-service. Il y avait une grande salle pour les repas de chasse, de baptême, de communion ou de mariage. Il a survécu tant bien que mal jusqu'en 2004, alors que les deux autres cafés et les deux épiceries du village avaient déjà disparu. Mais sa fermeture, désormais, semble bien définitive.

Ci-dessous
MOUX-EN-MORVAN (Nièvre)
« L'Hôtel de la Gare »
Patrons et serveuses sont sur le pied de guerre… On n'attend plus que le client, à « L'Hôtel de la Gare », qui était tenu par le maire de l'époque, M. Guillaumot. Quand la gare a été supprimée, le client s'est fait plus rare et l'hôtel a finalement fermé en 1959. C'est devenu une maison d'habitation.

À droite

MALAY-LE-GRAND (Yonne)

Le barrage de la Vanne

Le barrage de la Vanne (que les habitants de Malay appellent improprement « l'écluse ») a été créé à la fin du XIXe siècle par la Société de Gestion des Eaux de Paris (SAGEP) pour alimenter en énergie l'usine de Maillot, située en contrebas. L'eau de la Vanne, captée à Malay-le-Grand et acheminée vers Maillot par une canalisation souterraine, sert à faire tourner les turbines de cette usine, dont le rôle est de pomper et de refouler dans un aqueduc, en direction de Paris, des eaux de source venant de Villeneuve-sur-Yonne.

La petite maison abritait la barragiste, qui manipulait les vannes du barrage selon les ordres donnés par l'usine et qui était toujours recrutée parmi les habitants de la commune.

Aujourd'hui le barrage est électro-piloté depuis l'usine de Maillot. L'habitation est louée par la SAGEP à un particulier.

Ci-dessus

DIXMONT (Yonne)

La fontaine

Le boucher, sur le pas de sa porte, pose pour le photographe. Au centre de la place, la fontaine publique est dominée par une statue de la Vierge à l'Enfant, ce qui est une singularité. C'était la volonté du généreux et pieux donateur qui offrit cette fontaine à la commune en 1850.

À contre
ROGNY-LES-SEPT-ÉCLUSES (Yonne)
« Aux 4 harengs »
Traversé par le canal de Briare, Rogny-les-Sept-Écluses a été longtemps le principal port à bois et à charbon de bois de la Puisaye. Les marchands et les commis qui venaient s'approvisionner avec leur attelage de chevaux avaient l'habitude de s'arrêter dans cette auberge pour y manger quelques harengs avec une chopine de rouge. C'est ce qui lui a valu cette curieuse appellation. C'est aujourd'hui une maison d'habitation.

À droite
MHÈRE (Nièvre)
La foire aux bestiaux
Incroyable mais vrai : considéré, depuis le 1er janvier 2007, comme le centre géographique de la zone euro, ce village morvandiau de 290 habitants a gardé ses deux foires aux bestiaux annuelles, en mai et en novembre. Le nombre des animaux a considérablement diminué : il est passé de 150 environ, dans les années 60, à une dizaine aujourd'hui, mais la tradition est maintenue par le comité des fêtes qui transforme ces jours-là la salle des fêtes en café-restaurant pour accueillir les visiteurs et les forains venus déballer pour l'occasion.

À droite

BERGESSERIN (Saône-et-Loire)

« Le relais »

Néon et formica : c'était le parfait décor du café-bar « moderne », et Mme Olmicia, la propriétaire du « Relais de Bergesserin », qui venait de rénover l'établissement, en était justement fière. L'affaire tournait rond, à l'époque, car il y avait sur la commune un sanatorium de 180 lits qui générait une clientèle importante. La fin de la tuberculose, dans les années 60, a entraîné la fermeture du sanatorium, qui est devenu une annexe de l'hôpital de Mâcon. Le relais a quand même tenu bon jusqu'en 1999. Aujourd'hui, la commune n'a plus un seul commerce.

Ci-dessus

FULVY (Yonne)

« Le Relais de Bourgogne »

La cuisine était excellente, paraît-il, et la patronne, Mme Teresca, avait fait un bel effort de décoration pour se mettre au goût du jour. Le restaurant n'en a pas moins fermé en 1980 et le bâtiment a été démoli en 1999 pour faire passer la déviation de la nationale 5.

Ci-contre

SAINT-PIERRE-LE-MOUTIER (Nièvre)

« L'Hôtel du Commerce »

Situé sur la nationale 7, la fameuse « route des vacances » chantée par Charles Trénet, ce sympathique hôtel n'en a pas moins fini par disparaître, lui aussi, en dépit des nombreux macarons qui décoraient sa façade et qui témoignaient des talents du chef.

CAFÉ · BAR
CLAYETTE
15 SEPTEMBRE
MARTINI

À gauche

THORIGNY-SUR-OREUSE (Yonne)

L'abreuvoir

Dans les années 60, beaucoup de communes rurales n'avaient pas encore ce signe extérieur du progrès qu'était « l'adduction d'eau ».
Les habitants ne disposaient, comme leurs ancêtres, que des points d'eau naturels pour laver le linge ou faire boire les animaux.
L'abreuvoir des animaux était aménagé, généralement, au bord d'une mare, d'un étang ou d'une rivière d'accès facile.
À Thorigny-sur-Oreuse, la municipalité avait fait paver cette partie de l'Oreuse (qui prend sa source à 300 m) pour faciliter l'accès des animaux.

Ci-dessus

Les baigneuses

En ce temps-là, les vaches connaissaient encore le plaisir de se baigner dans la Saône...

Ci-contre

GARCHY (Nièvre)

L'Asvin

À Garchy, la rivière, l'Asvin, avait été spécialement élargie, à proximité du pont, pour permettre aux bovins de venir s'abreuver et se laver. Aujourd'hui, il n'y a plus un seul animal d'élevage dans la commune, toutes les terres ont été mises en culture, mais les abords de la rivière ont gardé le même aspect.

À gauche
ASNOIS (Nièvre)
Le lavoir
À Asnois, l'adduction d'eau n'a été réalisée qu'à la fin des années 60. Jusqu'à cette date, les femmes allaient laver leur linge à la rivière, l'Yonne, qui traverse la commune. Parmi elles, sur la photo, M. le Maire a reconnu sa grand-mère et sa tante…

Ci-dessus
LIVRY (Nièvre)
Le lavoir de Riousse
Le lavoir de Riousse, alimenté par la fontaine du même nom, sur la commune de Livry, ne connaît plus la même animation mais il accueille encore occasionnellement deux ou trois lavandières qui viennent y laver principalement les grandes pièces, telles que les couettes. Il est surtout devenu le point de rassemblement préféré de la population. C'est autour du lavoir et de la fontaine que se déroule la traditionnelle fête des Entonnailles, qui marque la fin des vendanges, à la mi-octobre, ou la fête des Voisins, d'origine plus récente. L'eau de la fontaine n'est plus potable, hélas, en raison d'une surcharge de nitrates.

Ci-dessus
SAINT-AGNAN (Saône-et-Loire)
Retour de l'école
Le cartable à la main, deux enfants rentrent de l'école dans la grande rue déserte. La grand-mère et le chien les attendent sur le pas de la porte… Cette scène de la vie quotidienne d'un village évoque, au choix, selon le regard que l'on porte, le calme et la sérénité de la campagne… ou son ennui mortel. Chez les jeunes de l'époque, c'est ce dernier sentiment qui prévalait et qui en amènera beaucoup à partir à la ville.

À droite
VINZELLES (Saône-et-Loire)
Le foyer rural
C'est l'ancêtre de la « salle polyvalente ». Un village dynamique se devait d'avoir un « foyer rural » pour abriter les activités culturelles ou de loisir de sa population. Celui de Vinzelles a été construit par les habitants eux-mêmes, en 1951, pour accueillir les répétitions de la fanfare. Rénové et « mis aux normes » en 2006, il est chargé de souvenirs : repas de mariages ou de communions, banquets des pompiers ou des chasseurs, tous les évènements heureux de la vie du village lui sont associés.
A côté, le bureau de poste n'est plus qu'une agence postale communale.

1951
FOYER RURAL
VINZELLES
ELEPHONES
PARGNE
FETE PATRONALE

Ci-dessus
SAINT-CHRISTOPHE-EN-BRIONNAIS
(Saône-et-Loire)
Le marché hebdomadaire
On a fêté en 1988 les 500 ans du marché de Saint-Christophe-en-Brionnais, le plus grand marché aux bœufs de France. Il connaissait encore, chaque jeudi dès l'aube, une affluence extraordinaire (93 000 bêtes vendues, cette année-là). Jusqu'en 1970, toutes les transactions s'y faisaient en argent liquide, de part et d'autre d'un muret qu'on appelait « le mur d'argent », et uniquement de façon verbale : « Tope là ! », l'affaire était conclue. Celui qui par malheur manquait à sa parole devenait aussitôt interdit de séjour.
Le marché, qui est aujourd'hui couvert, reste le plus important de la région et il a toujours lieu sur le même foirail mais son fonctionnement a été informatisé et il se tient désormais le mercredi après-midi. En 2006, le nombre des animaux vendus a été de 44 000, moitié moins qu'en 1988.

Ci-dessus
AUTUN (Saône-et-Loire)
La foire de Saint-Ladre
A la foire de Saint-Ladre, le 1er septembre, la place du Champ-de-Mars était envahie par un nombre considérable de bovins venus de tout le Charolais. A l'origine, au Moyen Age, c'étaient les pèlerins qui affluaient à Autun, ce jour-là, pour vénérer les reliques de saint Lazare, patron de la ville, qui sont conservées à la cathédrale. Ce rassemblement populaire et religieux a entraîné la création de la foire, qui a perduré au-delà des pèlerinages. Mais elle se déroule aujourd'hui dans un hall construit à l'entrée de la ville. Sur la place du Champs-de-Mars, devenue un parking, s'alignent désormais les voitures...

À droite
CHAROLLES (Saône-et-Loire)
Le marché aux bestiaux
Berceau de la race charolaise, Charolles a gardé longtemps son marché aux bovins du mercredi, qui se tenait sur la place du champ de foire (devenue un parking elle aussi). Mais il a perdu peu à peu de son importance, à partir des années 50, au profit de celui de Saint-Christophe-en-Brionnais, distant d'une vingtaine de kilomètres. Le commerce des bêtes à viande de race charolaise s'est finalement concentré sur Saint-Christophe, tandis que Charolles a pris la première place sur le marché des reproducteurs. Les foires de reproducteurs, en fin d'année, rassemblent jusqu'à 800 taureaux charolais dans le nouveau foirail créé en 1992 à l'extérieur de la ville.

Ci-dessus

SAINT-AMAND-EN-PUISAYE (Nièvre)

Le marché du lundi

Comme tout chef-lieu de canton, Saint-Amand-en-Puisaye avait son marché hebdomadaire, qui se tenait le lundi matin sur la place principale. Rien n'a changé, ou presque. On y trouve toujours les marchands de primeurs, de vêtements, de viande chevaline, de fromages, qui ont du se plier, entre temps, à l'obligation de la vitrine réfrigérée.
La commune est d'ailleurs un modèle de stabilité. Elle a gardé le même nombre d'habitants depuis 1960 (1400) et la poterie, depuis le XVIIe siècle, demeure une activité locale importante.

À gauche et ci-dessus

SAINT-GERMAIN-DU-BOIS (Saône-et-Loire)

Le marché du samedi

Le marché de Saint-Germain-du-Bois, tous les samedis matin, était réputé pour sa volaille fermière, car on est ici dans la Bresse louhannaise (ou Bresse bourguignonne), où l'élevage du poulet est une vieille tradition. Le marché existe toujours mais les éleveurs n'y amènent plus leur production. Les règlements sanitaires les en ont découragés. Leur nombre est d'ailleurs en diminution, les exploitations familiales peinant à trouver des repreneurs.

Ci-dessus
LOUHANS (Saône-et-Loire)
Le marché aux chevaux
Le marché aux chevaux de Louhans avait lieu le premier et le troisième lundi de chaque mois sur la place de la Charité, face au collège. Il s'agissait essentiellement de chevaux de labour, élevés dans la région, des Auxois entre autres, et les marchands venaient s'y fournir d'assez loin. On trouvait aussi, à proximité, un marché aux bovins et un marché aux volailles qui subsistent.

À droite
LOUHANS (Saône-et-Loire)
Le marché aux chevaux
La taille et l'animation du parking témoignent de l'importance qu'avait ce rendez-vous bimensuel.

Ci-dessus

QUEMIGNY-POISOT (Côte-d'Or)

Le retour du troupeau

Quemigny-Poisot est un village de la montagne beaunoise, surnommée « le petit Jura ». Cette petite région a toujours été à l'écart des grands axes de circulation, et le village n'a pas beaucoup changé, en apparence, depuis les années d'après-guerre, même s'il est devenu rare de voir encore des troupeaux de moutons traverser le bourg.

À droite

ROUSSILLON-EN-MORVAN (Saône-et-Loire)

L'heure du berger

Image bucolique d'un joli village du Parc Naturel du Morvan, dans les gorges de la Canche. Mais, renseignements pris, il n'a plus d'éleveur de moutons...

Ci-contre

GIVRY (Saône-et-Loire)

Rue de la République

Les publicités peintes sur les murs faisaient partie du paysage routier. Elles étaient florissantes, en particulier au bord des nationales, et se répartissaient de façon assez harmonieuse au fil des villages, au gré des supports qui s'offraient aux annonceurs. Les peintures, habilement exécutées par des artisans anonymes, apportaient une note colorée qui ne nous choquait pas. Le temps de la publiphobie n'était pas encore venu… Certains même, aujourd'hui, s'attachent à restaurer celles qui subsistent. La publicité Dubonnet, qui se déclinait aussi en *Dubo, Dubon, Dubonnet*, était l'une des plus répandues.

Ci-contre

CHATEAU-CHINON (Nièvre)

« Au vieux Morvan »

Marianne, dont le buste en lave de Volvic surmonte la fontaine depuis la fin du XIXe siècle, semble monter la garde devant l'hôtel, qui a régulièrement hébergé François Mitterrand de 1959 à 1981, durant toutes ces années où il fut maire de la ville. Il occupait la chambre 15, dont le point de vue sur la campagne constituait le seul luxe… Certains Morvandiaux lui reprochent de n'avoir rien fait, quand il était président de la République, pour désenclaver ce coin du Morvan. Mais peut-être avait-il raison quand il leur prédisait : « Vos handicaps vont devenir des atouts. »

Ci-dessous

VALLAN (Yonne)

« L'Oustalet »

Sur la RN 151, le restaurant s'appelait « L'Oustalet » (la petite maison, en provençal), parce que la précédente propriétaire venait de la Camargue, mais M. et Mme Morel (sur la photo), qui ont tenu le restaurant de 1959 à 1965, faisaient une cuisine bourguignonne traditionnelle. Les clients de passage pouvaient aussi apporter leur « manger casse-croûte », comme il est annoncé sur la façade… Sur la fin, « L'Oustalet » ne faisait plus que café, puis il est devenu une maison particulière.

Ci-dessous

DOMATS (Yonne)

« L'Hôtel-restaurant Perrier »

L'établissement a changé plusieurs fois de nom, au gré des propriétaires successifs. Le dernier, E. Perrier, se l'était approprié en inscrivant son nom sur la façade, tout en décorant curieusement les ouvertures. Ce sera ensuite « L'Hôtel Dupin ». C'est aujourd'hui un café à l'enseigne « Le Saint-Thomas ».

A LA
PLACE CARNOT
BAR

A la ville je veux bien y aller

À gauche
NEVERS (Nièvre)
La place Carnot
La carte postale date des années 50. Il est midi à l'horloge du marché Carnot, qui occupait l'emplacement actuel de la Chambre de Commerce (inaugurée en mai 1968). A droite, c'est une banque, le Crédit Mutuel, qui a succédé au magasin « À la place Carnot ».

CHARCUTERIE
PATISSERIE
GLACES
CONFISERIE
Patisserie-Confiserie
CHARCUTERIE
CAFE de l'INDUSTRIE

À gauche
MONTBARD (Côte-d'Or)
La rue Edme-Piot
Le « Café de l'industrie », à gauche, portait bien son nom. Montbard était le centre industriel le plus important de la Côte-d'Or, grâce à la présence de Vallourec, leader mondial dans la production de tubes sans soudure en acier, qui employait à l'époque 3 000 ouvriers. Les conflits sociaux survenus dans ces années d'après-guerre lui valaient le surnom de « Montbard la rouge » ...

Entre 1950 et 1970, les villes ont vécu des mutations aussi profondes que la campagne. Tout a commencé dans l'euphorie, à la sortie des années de guerre. Les problèmes de rationnement s'estompent. L'industrie connaît un essor formidable, tout comme les métiers du bâtiment. Il faut reconstruire le pays, relancer la machine économique. Le Creusot devient le principal pôle industriel entre Paris et Lyon. La société des Forges et Ateliers emploie jusqu'à 12 000 ouvriers. En 1950, aux Houillères nationalisées du bassin de Blanzy, le personnel est de 9 600 personnes. Il y a du travail pour tout le monde.
C'est une aubaine pour les jeunes ruraux qui migrent en masse vers les villes. Ils se font embaucher facilement mais ils peinent à trouver un logement décent. C'est pour répondre à cet urgent besoin que surgissent alors à Dijon, à Mâcon, à Chalon, comme dans toute la France, ces tours et ces barres, construites à la hâte, où les familles découvrent souvent pour la première fois le confort d'une salle de bains.

Ci-contre
DIJON (Côte-d'Or)
La musique du bataillon de tirailleurs marocains
Les années 50-60, à Dijon, ont été les années Kir, puisque le célèbre chanoine – qui a laissé son nom à un vin blanc-cassis et à un lac – fut maire de la ville de 1945 à 1968.
On lui a longtemps reproché de manquer d'ambition culturelle et de donner du chef-lieu de la Côte-d'Or une image trop « provinciale ». Un chroniqueur mélomane écrit à cette époque : « Les innombrables orphéons, fanfares et harmonies rurales, ainsi que les musiques militaires des régiments basés à Dijon, sont les seuls contacts des habitants avec la musique. » Dijon était en effet une ville de garnison dotée de quatre musiques militaires : celles du 27e régiment d'infanterie, du bataillon de tirailleurs marocains, la plus populaire, du 602e RCR et de la base aérienne 102.
Ne reste que la base aérienne de Dijon-Longvic.

Ci-contre
DIJON (Côte-d'Or)
La barre des Lochères
Ne la cherchez plus ! Cette barre de béton de 14 étages, découpés en 350 appartements, a été détruite par implosion en décembre 2000. La barre des Lochères avait été construite à la va-vite en 1958, en même temps que deux autres dans le quartier des Grésilles, pour faire face au grand exode des campagnes vers les villes. Quarante ans plus tard, les trois barres du quartier étaient dans un tel état de dégradation et d'abandon que l'OPAC a préféré les dynamiter.

Ci-contre

DIJON (Côte-d'Or)

Place François-Rude

La fontaine du Bareuzai (mot patois qui signifie vendangeur), sur la place François-Rude, est l'image emblématique de Dijon, comme le *Manneken-Pis* à Bruxelles. C'était déjà l'une des cartes postales les plus vendues, localement.

Ci-dessous

DIJON (Côte-d'Or)

Panorama

Vu d'avion, l'aspect général du centre-ville n'a pas varié mais entre 1954 et aujourd'hui, la population dijonnaise est passée de 110 000 à 150 000 habitants.

Ci-contre
DIJON (Côte-d'Or)
« La Cloche »
Depuis son ouverture en 1884, « La Cloche », au cœur de la ville, est toujours le plus bel hôtel de Dijon, et le plus renommé. Il est classé monument historique.
Un autre hôtel dijonnais a eu son heure de gloire, à l'époque, parce que certaines salles de bains avaient trois robinets : eau chaude, eau froide et vin rouge… C'était le « Terminus Hôtel », devenu le « Kyriad ». Le robinet de vin a disparu mais quelques chambres sont équipées d'une cave à vins garnie de bons échantillons de bourgogne.

À droite
DIJON (Côte-d'Or)
Rue de la Liberté
La rue de la Liberté était et reste la plus commerçante et la plus animée de Dijon. Les enseignes ou les façades des magasins ont changé mais « L'Hôtel du Nord » est toujours tenu par la même famille et le restaurant sert les mêmes spécialités régionales : jambon persillé, coq au vin, bœuf bourguignon, escargots de Bourgogne, œufs pochés en meurette…

CONCOURS HIPPIQUE
PARC DE LA COLOMBIÈRE
HÔTEL DU NORD
HÔTEL du NORD
RESTAURANT
D'ÉPICES
3004-DU4

À gauche

SAINT-JEAN-DE-LOSNE (Côte-d'Or)

Le pont sur la Saône au lendemain de la guerre

Détruit par les troupes françaises en 1940 pour protéger leur retraite, le pont de Saint-Jean-de-Losne ne fut reconstruit qu'en 1951. Le passage d'une rive à l'autre se faisait au moyen d'un bac, qu'on aperçoit au premier plan.

Ci-contre

LA CHARITÉ-SUR-LOIRE (Nièvre)

La Maison du Sabotier

C'est la plus vieille maison de La Charité. Elle date du XVe siècle et a donc échappé à l'incendie de la ville en 1559, pendant les guerres de Religion. On l'appelle la Maison du Sabotier parce que son dernier occupant, M. Chiroux, était sabotier. Son épouse vendait des fruits et légumes et un peu d'épicerie, ce qui explique la présence de l'étal, sur le trottoir. Ils ont tenu bon jusqu'à la fin des années 60. Depuis leur départ, la maison est inhabitée.

COTONNADES
TAPIS
LINGE DE TABLE
AMEUBLEMENT
CONFECTION
POUR
DAMES
425-AE71

À gauche

DIGOIN (Saône-et-Loire)

Le centre-ville

La population de Digoin approchait les 10 000 habitants, à la fin des années 50, mais le centre-ville n'était pas encore engorgé par les voitures. La seule automobile qu'on aperçoit, une Opel Kapitan modèle 1952, est celle du photographe-éditeur Jean Combier qui mettait presque systématiquement son véhicule dans le champ, comme une signature, quand il prenait un cliché.

Ci-dessous

BUXY (Saône-et-Loire)

Grande Rue

Grâce au montagny, ce précieux vin blanc produit sur la commune, Buxy est un chef-lieu de canton prospère qui s'est développé et embelli depuis les années 50. Dans la Grande Rue, « Les Docks Lyonnais » ont fait place à une agence immobilière. Les marronniers ont été remplacés par des platanes parce que les marrons, à l'automne, endommageaient les toits des voitures en stationnement, beaucoup plus rares à l'époque…

Ci-dessus
BLANZY (Saône-et-Loire)
Le tri du charbon
L'exploitation du charbon a fait vivre la région de Montceau-les-Mines pendant près de deux cents ans. En 1950 elle employait 9 642 personnes, pour une production annuelle de 2 302 510 tonnes (4,5 % de la production nationale). C'est sur la commune de Blanzy qu'a été ouvert le premier puits en 1828, ce qui lui a valu de donner son nom à l'ensemble du bassin houiller. C'est également à Blanzy que les premiers puits ont été fermés et que se trouve aujourd'hui un musée de la Mine.

A droite
SANVIGNES-LES-MINES (Saône-et-Loire)
Le puit Saint-Amédée
Le puits Saint-Amédée, à Sanvignes-les-Mines, était toujours en activité dans les années 60. Creusé en 1877, il a été fermé en 1971. L'exploitation en galeries a complètement cessé le 31 avril 1992 dans l'ensemble du bassin, mais l'exploitation en surface s'est poursuivie à Sanvignes jusqu'en 2000.

DEFENSE DE FUMER

Ci-contre
SANVIGNES-LES-MINES (Saône-et-Loire)
Le quartier des Gautherets
La cité des Gautherets a été construite dans les années 20 pour abriter la main-d'œuvre venue de Pologne. Une bonne partie de la population est encore d'origine polonaise.

À gauche
BLANZY (Saône-et-Loire)
Groupe de mineurs
Un petit nombre de ces anciens mineurs s'attachent à maintenir la mémoire de la mine. Devenus guides-accompagnateurs, ils font visiter un ancien carreau de mine reconstitué : le puits Saint-Claude, dont le chevalement se dresse toujours vers le ciel.

Ci-contre
SAINT-FORGEOT (Saône-et-Loire)
La cité minière
Le Nord a ses crassiers. Autun a ses « télots » (aujourd'hui recouverts de végétation), imposants vestiges de l'époque où l'on exploitait ici les schistes bitumineux. On en extrayait un pétrole de très mauvaise qualité, qui était utilisé, entre autres, pour alimenter les lampes à pétrole. Les mines ont été fermées en 1957 mais le site est resté en l'état, ainsi que la cité minière de Saint-Forgeot.

Ci-dessus
CHAMPVERT (Nièvre)
Port de la Copine, sur le canal du Nivernais
Le charbon des mines de La Machine, à une dizaine de kilomètres, arrivait par le canal du Nivernais au port de la Copine pour alimenter la centrale électrique de Champvert. Ce canal, qui dessert également Decize, était une voie navigable très fréquentée, à l'époque. La centrale est aujourd'hui fermée et le port n'a plus aucune activité.

Ci-dessous

VENAREY-LES-LAUMES (Côte-d'Or)

La cité SNCF

Sur la plaine des Laumes, où se déroula la bataille d'Alésia, a été construit en 1860 le plus important centre ferroviaire de la ligne PLM. C'est ici, à mi-distance entre Paris et Lyon, que se trouvait le dépôt des locomotives à vapeur. L'électrification de la ligne en 1949 a marqué le début du déclin. Au début des années 50, à Venarey-les-Laumes, il y avait 750 cheminots en activité, une cité SNCF de 250 logements, de multiples associations qui créaient un « esprit de famille ».
Il ne reste qu'un atelier-magasin pour le matériel électrique de maintenance mais le quart de la population de la commune est encore composé de cheminots (250) ou d'anciens cheminots retraités, nettement plus nombreux (550).

À gauche

LE CREUSOT (Saône-et-Loire)

Une chaîne de montage de locomotives électriques

Les usines Schneider, devenues après la guerre la Société des Forges et Ateliers du Creusot, ont fait vivre la ville pendant près de deux siècles. On y a construit la première locomotive de fabrication française (en 1838), l'armature de la Tour Eiffel, le pont Alexandre III, les grandes centrales hydroélectriques comme celles de Génissiat, Seyssel ou Roselend, puis (à partir des années 60) les éléments métalliques des centrales nucléaires. Sur la photo : de 1954 à 1961, les Forges et Ateliers du Creusot ont fabriqué la partie mécanique de la fameuse BB qui battit le record mondial de vitesse sur voie ferrée en 1955. Le Creusot fabrique toujours, aujourd'hui, les bogies du TGV.

Ci-contre

LE CREUSOT (Saône-et-Loire)

Une coulée de lingots d'acier

Le volume de ces lingots – qui partaient ensuite pour le laminoir – ne cessera d'augmenter, avec les progrès de la technique. On produit aujourd'hui au Creusot des lingots de 350 tonnes et l'on espère atteindre bientôt les 450 tonnes.

Ci-dessus

LE CREUSOT (Saône-et-Loire)

Convoi exceptionnel

Le transport de ces pièces exceptionnelles exigeait des convois non moins exceptionnels. Sur cette photo, le départ d'un convoi sur la place principale du Creusot.

La Société des Forges et Ateliers du Creusot, qui deviendra Creusot-Loire en 1970, employait à l'époque 85 % de la main-d'œuvre locale. La liquidation de la société en 1984 a gravement ébranlé l'économie de la région mais des repreneurs sont intervenus. Le Creusot, au sein de la Communauté Urbaine Le Creusot-Montceau, reste une grande ville industrielle, spécialisée dans la grande mécanique et l'électronique. On y fabrique, entre autres, des turbines de moteurs d'avion pour la SNECMA, des nacelles élévatrices, des tunneliers qui sont exportés jusqu'au Japon et en Chine, des mâts d'éoliennes, et la société Areva poursuit la fabrication des cuves nucléaires.

À doite

LE CREUSOT (Saône-et-Loire)

Scène d'atelier

Le fraisage d'un rotor d'alternateur SW pour la centrale hydraulique de Roselend (Savoie), inaugurée en 1961.

1951

NAISE 18
AMEUBLEMENT
KODAKS
CAFÉS
GILBERT

Ci-contre

TOURNUS (Saône-et-Loire)

Le logis de l'Escargot

Le logis de l'Escargot, avec sa tourelle en encorbellement, date de 1616. Le magasin de porcelaine qui occupait le rez-de-chaussée a fait place à une banque – comme beaucoup d'autres commerces d'angle – et l'immeuble continue de se dégrader, victime d'un propriétaire privé qui refuse de le rénover.

À gauche

BEAUNE (Côte-d'Or)

La rue Carnot

Cette photo a été réalisée par Jean Combier avec son appareil « compact » Minolta de 7 kg destiné à la photo aérienne. Modifié pour la prise de vues à main levée, l'engin n'était pas très discret mais permettait de photographier en grand format (13x16 cm) sans avoir à installer trépied et voile noir. C'est ce qui donne cette image très vivante, en pleine rue, au milieu de la circulation. Devenue piétonne, la rue Carnot reste l'une des plus animées de la ville.

PNEUMATIQUES
ACCESSOIRES
ESSO SERVICE BOQUILLON
ESSO

À gauche

TOURNUS (Saône-et-Loire)

La Saône et le centre-ville

Sur la rive droite de la Saône, Tournus marque le passage entre le Nord et le Midi, comme en attestent les tuiles creuses de ses toits. On s'y arrêtait pour admirer sa magnifique église Saint-Philibert, du XIIe siècle, mais aussi pour s'asseoir à la table de Jean Ducloux, le célèbre chef du restaurant « Greuze », et déguster ses spécialités, notamment la cassolette de queues d'écrevisses ou le ris de veau aux morilles.

Ci-dessous

TOURNUS (Saône-et-Loire)

La rue de la République

La rue de la République, qui traverse la ville dans toute sa longueur, est la plus commerçante de Tournus. Elle a gardé plusieurs maisons des XVIe et XVIIe siècles.

Ci-dessous

AUXERRE (Yonne)

L'église Saint-Germain

Trois églises se reflètent dans l'Yonne, à Auxerre, dont cette église Saint-Germain, des XIIIe, XIVe et XVe siècles. Elle renferme, dans sa crypte, des fresques carolingiennes (859) qui sont les plus anciennes peintures murales connues en France.

Ci-dessous

AUXERRE (Yonne)

Les bords de l'Yonne

L'attelage d'ânes qui s'avance sur le chemin de halage était-il encore utilisé pour tirer les bateaux ? A moins que le photographe se soit simplement amusé à faire voisiner ces ânes avec – sur le pont qui porte son nom... – la statue de Paul Bert, Auxerrois célèbre, qui fut ministre de l'Instruction publique sous la IIIe République.

Ci-dessus

AUXERRE (Yonne)

Place de l'Hôtel-de-Ville

Construites après la guerre de Cent Ans, vers 1550, et soigneusement entretenues, ces admirables maisons de la place de l'Hôtel-de-Ville ne sont pas près de disparaître. Mais les commerces du rez-de-chaussée ont changé de destination. Signe des temps : le magasin de machines à coudre des années 60 a cédé la place à l'un de ces magasins de prêt-à-porter qui ont envahi tous les centres-villes, et les héritiers de M. Morignot, reconvertis dans la bureautique, se sont installés dans la zone commerciale.
Une légende (erronée) veut que ces trois maisons étaient celles du « Cadet Roussel » de la chanson, alias Guillaume Roussel (1743-1807) qui fut huissier de justice à Auxerre.

Ci-dessous

MÂCON (Saône-et-Loire)

Le quai Lamartine

Au même moment, le poète du *Lac*, né à Mâcon, se retrouvait, lui aussi, au milieu des eaux, attendant que le temps suspende ses caprices.

Ci-dessus

CHALON-SUR-SAONE (Saône-et-Loire)

Au « Tout va bien »

Ce jour-là, tout n'allait pas pour le mieux, à Chalon-sur-Saône, en dépit de l'optimisme affiché par le restaurant. On était en janvier 1955, la crue de la Saône avait atteint une cote de 6,95 m, ce qui la place parmi les plus fortes de l'histoire de la ville, derrière celle de 1840 (8,05 m). Une bonne partie de la population avait dû quitter commerces et logements pour se réfugier chez des amis. Des travaux ont été entrepris, par la suite, pour éviter le retour de telles inondations.

Ci-dessus
MÂCON (Saône-et-Loire)
La Saône gelée
Après les inondations de 1955, les riverains de la Saône ont connu l'année suivante les méfaits d'un hiver exceptionnellement rigoureux, au cours duquel la rivière a été complètement gelée. Le pont de Saint-Laurent, qui relie Mâcon à la commune de Saint-Laurent, n'était plus le passage obligé pour passer d'une rive à l'autre… On pouvait traverser la Saône à pied. La vague de froid se prolongea pendant trois semaine, du 1er au 25 février 1956.

Ci-dessus
MÂCON (Saône-et-Loire)
Les Ateliers Bergeaud (ABM)
Les ateliers Bergeaud étaient les leaders dans leur spécialité : la construction d'engins et de matériel pour les mines, les carrières et le concassage des pierres. Mondialisation oblige : ils font aujourd'hui partie d'un groupe international, Metso Minerals, qui a 35 usines dans le monde et emploie 9 000 personnes.

Ci-contre
MÂCON (Saône-et-Loire)
Anniversaire des Ets Bouilloux
Les Ets Bouilloux, qui distribuaient du matériel agricole et viticole, ont fêté leur 125e anniversaire en 1960 en invitant tout le personnel (120 personnes, à l'époque) à un plantureux banquet, sous le hangar habituellement destiné aux machines. Un geste louable mais qui se conclut, pour une partie des convives, par une regrettable intoxication alimentaire due à un foie gras avarié... En 1970, l'entreprise a été transférée à Senozan, où elle poursuit son activité en pleine santé.

Ci-contre
MÂCON (Saône-et-Loire)
La maison Doucet
Cet atelier de confection, qui fabriquait des vêtements pour enfants, a employé jusqu'à 800 femmes. Dans les années 80, il était le plus gros employeur de Mâcon. Il n'a pas résisté à la concurrence des pays émergents.

Ci-contre
MÂCON (Saône-et-Loire)
Motobécane
Tous les jeunes rêvaient d'une Mobylette. Ce modèle de la marque Motobécane, sorti en 1955, est aujourd'hui le cyclomoteur le plus vendu dans le monde, au point que mobylette, comme frigidaire, est devenu un nom commun. Les concessionnaires, à Mâcon, étaient les Ets Panciéra.
A l'époque, Motobécane partageait le marché du cyclomoteur avec Motoconfort et Peugeot, mais un autre constructeur, Monet-Goyon, faisait la fierté des Mâconnais. Ses modèles, les Ciao, n'eurent malheureusement pas le succès escompté.

Ci-contre
MÂCON (Saône-et-Loire)
M. Liochon, épicier-tonnelier
L'épicerie-tonnellerie de Monsieur Liochon, dont le décor n'avait pas changé depuis près d'un siècle, a connu une brusque célébrité en 1975 quand son propriétaire est passé dans l'émission « Le Petit Rapporteur ». Au point qu' une carte postale lui a été consacrée dans la série « Les petites personnalités mâconnaises »... Passionné de voyage, le « père Liochon » avait conquis les téléspectateurs en racontant sa croisière sur le paquebot France avec beaucoup de volubilité, malgré une surdité qui occasionnait quelques quiproquos dans la conversation. À Mâcon, il circulait toujours à vélo, équipé de guêtres en cuir et coiffé de son éternel béret. À sa mort en 1983, l'épicerie fut malheureusement rasée, victime d'une rénovation du quartier.

Ci-contre
MÂCON (Saône-et-Loire)
« Aux Fiançailles »
Les dragées de la maison Forest, à Mâcon, étaient réputées dans toute la région. Le magasin du quai Lamartine, ouvert en 1920 par Fleury Forest, a été fermé en 1972, quand le fils est parti s'installer à Charnay pour se lancer dans l'aventure du surgelé. Mais Sylvie Forest – troisième génération – a repris l'enseigne « Aux Fiançailles » en 1991 et a ouvert un nouveau magasin dans la rue Rambuteau, où l'on trouve – outre les dragées – tous les accessoires pour les fêtes et cérémonies de famille.

Ci-contre
MÂCON (Saône-et-Loire)
De Gaulle à Mâcon
Elu président de la République en 1959, le général de Gaulle se rend la même année en Saône-et-Loire en visite officielle. Il est reçu aux Forges et Ateliers du Creusot, dans le château de la Verrerie, ancienne résidence de la famille Schneider. La DS présidentielle, ornée du fanion tricolore marqué de la croix de Lorraine, l'amena également à l'hôtel de ville de Mâcon, patriotiquement pavoisé pour l'événement.

Un dimanche en Bourgogne

À gauche
Partie de pêche
Partie de pêche improvisée dans la Saône, face à la zone industrielle de Chalon-sur-Saône, où s'étendaient les installations de Framatome.

5 PREMIER JOUR
TOUT à TOI 9 TOUT à TOI

À gauche
PONT-ET-MASSÈNE (Côte-d'Or)
Le lac de Pont : l'embarcadère
À proximité de Semur-en-Auxois, dans un site boisé, le lac de Pont est un réservoir du canal de Bourgogne qui est devenu une base nautique et un pôle touristique très animé. Dès les années 60, on pouvait y louer des canots et des pédalos, pêcher l'ablette, le gardon, la tanche, la perche ou le brochet.

À la campagne, en ce temps-là, le dimanche est encore le jour du Seigneur. Pour beaucoup de femmes, la messe dominicale constitue la grande sortie de la semaine. Les hommes se dispensent d'y assister, le plus souvent, mais ils se font un devoir d'y amener la famille. Chaque commune a son curé, dont l'influence reste assez forte sur la population. La plupart des fêtes, d'ailleurs, sont organisées dans le cadre de la paroisse (kermesse des écoles libres, fête-Dieu, communions, fête patronale) ou sont d'essence religieuse, tels la Saint-Vincent dans le vignoble ou le Grand Pardon des Mariniers à Saint-Jean-de-Losne.

À la ville, en revanche, le dimanche est devenu un jour de plaisir. Depuis la semaine des 40 heures, il n'est plus qu'une composante du « week-end », synonyme d'évasion. On s'échappe d'autant plus facilement que l'usage de la voiture se généralise rapidement. En 1952, six ans après la sortie de la première 4 CV, il y avait 2 millions de voitures en France. En 1957, leur nombre a doublé. En 1965, il atteint 8 millions ! La pratique religieuse s'effondre en même temps qu'on entre dans la civilisation des loisirs.

Dans un premier temps, la campagne se contente d'assister à ce phénomène nouveau qui amène sur ses routes et sur ses terres des automobilistes en goguette et des campeurs avides de verdure, de soleil et d'ébats aquatiques. À certains moments de l'année, les vignerons pourraient bien eux aussi, s'ils le voulaient, s'accorder quelques loisirs, mais pour les agriculteurs il n'en est pas question. Qui s'occuperait des vaches, qui réclament leurs deux traites quotidiennes ? Ainsi naît peu à peu un sentiment d'injustice, chez les plus jeunes. C'est l'une des raisons qui pousseront un grand nombre d'entre eux à vouloir quitter la campagne pour la ville.

Ci-dessus

PONT-ET-MASSÈNE (Côte-d'Or)

Le « curé volant »

C'est dans le lac de Pont que le « curé volant », l'abbé Simon, effectua son dernier saut, en 1962, d'une hauteur de 35 m. Surnommé aussi « l'acrobate du bon Dieu », l'abbé Simon se produisait ainsi à travers la France afin de récolter des fonds pour restaurer son église de Saône (Doubs) et financer les colonies de vacances de ses jeunes paroissiens.

Ci-dessous

MOUX-EN-MORVAN (Nièvre)

Le lac des Settons

Le barrage et le lac-réservoir des Settons (360 ha), créés au XIXe siècle pour assurer à la fois le service des bois sur la rivière la Cure et de la navigation sur le canal du Nivernais, se sont trouvé dès les années 30 une nouvelle vocation : le tourisme. On y vient en famille, le week-end, pour pêcher ou pratiquer les sports nautiques. Pour accueillir cette nouvelle clientèle, des petits « estancots » s'installent autour du lac, tel « Le Rendez-vous des Pêcheurs », à Moux-en-Morvan. Simple cabanon de bois, à l'origine, où les pêcheurs pouvaient se désaltérer et louer des barques, il a été remplacé en 1965 par un bâtiment en dur. C'est aujourd'hui un sympathique hôtel-bar-restaurant, au charme désuet, qui a gardé l'enseigne d'origine.

Ci-dessus

CHATEAU-CHINON (Nièvre)

« La Halte des touristes » au calvaire

Le calvaire, qui domine la ville de Château-Chinon, a toujours été un lieu de promenade, plus que de pèlerinage, parce qu'il offre un point de vue unique sur tout le Morvan. Le géographe Elysée Reclus a écrit que c'était « l'un des plus beaux panoramas de France ». La table d'orientation – installée par le Touring Club en 1909 – est toujours là mais « La Halte des touristes », où l'on trouvait rafraîchissements et cartes postales, a disparu.

Ci-dessous

BRASSY (Nièvre)

Sortie de messe dominicale

Comme la plupart des villages de Bourgogne, Brassy avait encore son curé et sa messe du dimanche, dans les années 60. Pour les fidèles de cette commune du Morvan, dispersés dans une dizaine de hameaux, c'était l'occasion de se retrouver au bourg, d'échanger les nouvelles et de faire les derniers achats pour le repas dominical (brioche, charcuterie morvandelle...). Le presbytère est aujourd'hui transformé en logements locatifs et dans l'église qui se délabre, c'est le curé de Lormes ou de Montsauche qui vient dire une messe, de temps en temps, le samedi soir.

Ci-contre

SENS (Yonne)

Bords de l'Yonne et l'église Saint-Maurice

La pêche faisait partie des loisirs populaires, accessibles au plus grand nombre.
Avec ses 13 200 km de rivières, de fleuves et de canaux (dont 1 900 dans le département de l'Yonne), la Bourgogne offrait aux amateurs un large champ d'action. Du côté de Sens, sur les bords de la basse Yonne, ils pouvaient espérer ramener un brochet mais ils se contentaient le plus souvent d'une friture.

À droite

LA CHARITÉ-SUR-LOIRE (Nièvre)

La plage

Le sable de la Loire valait bien celui de la Méditerranée vers où s'élançaient éperdument les automobilistes qui traversaient, l'été, cette jolie petite ville de la nationale 7.

Ci-contre

NEVERS (Nièvre)

La plage

Au pied du pont de la Loire, en plein centre-ville, la plage de Nevers accueillait déjà de nombreux baigneurs. Elle en reçoit davantage encore depuis que les services de la ville l'aménagent, l'été, avec des toboggans et différentes installations ludiques.

Ci-contre
SAINT-HONORÉ-LES-BAINS (Nièvre)
Le camping
Le vote de la troisième semaine de congés payés en 1956 a entraîné un développement du tourisme populaire. Le camping fait de plus en plus d'adeptes. Il est favorisé par l'invention, la même année, du « camping-gaz » qui permet de faire réchauffer le dîner sous la tente. Pour retenir cette nouvelle clientèle, les maires créent des terrains municipaux.
« Providence des voies respiratoires », la station thermale de Saint-Honoré permettait ainsi aux touristes de respirer le bon air du Morvan au sein de son camping.

Ci-contre
LECHATELET (Côte-d'Or)
Plage-camping
Comme d'autres villages des bords de Saône, où ne s'arrêtaient jusqu'alors que les mariniers, Lechatelet a vu affluer les Dijonnais qui venaient planter leur tente, les week-ends d'été, au bord de la rivière, dans ce qu'on appelle aujourd'hui « l'espace-détente ».

Ci-contre
NEVERS (Nièvre)
Le camping de la Jonction
Le camping fut créé en 1949 au bord de la Loire, sur un terrain qui appartenait à la ville et qui offrait un large panorama sur la cathédrale et le Palais ducal de Nevers. Il propose aujourd'hui 73 emplacements aux campeurs et caravaniers qui souhaitent faire une halte sur la nationale 7.

Ci-contre
APPOIGNY (Yonne)
Camping au bord de l'eau
Les bords de l'Yonne étaient tout aussi courus par les citadins en quête de verdure et de fraîcheur.

Ci-dessous

CHALON-SUR-SAONE (Saône-et-Loire)

Le Carnaval

Dérivé de la « Fête des Fous » qui se célébrait au Moyen Age, le Carnaval est une tradition profondément ancrée, à Châlon. Il a pris son aspect actuel à partir de 1906, avec ses chars, ses musiques, ses nombreuses « grosses têtes », et son succès n'a jamais faibli.
Cette photo a été prise en 1965.

Ci-dessus

CHAINTRÉ (Saône-et-Loire)

Le charivari

Le charivari était une vieille tradition villageoise. Quand un veuf ou une veuve se remariait, les jeunes de la commune se déguisaient pour organiser un simulacre de noce à l'ancienne (avec les mariés, les parents, le maire et les invités), et pendant les huit jours précédant le mariage, les pseudo-noceurs se réunissaient tous les soirs pour faire la fête et défiler dans les rues en faisant un boucan de tous les diables, au moyen de casseroles, de poêles, de chaudrons, de sifflets et même de fusils de chasse. Les anciens, à Chaintré, se souviennent encore du charivari organisé par les jeunes de la commune (sur cette photo) pour le mariage de Pierrot Morel, le veuf, avec la fille Larochette, dans les années 50. Ce fut le dernier.
La coutume s'est aujourd'hui perdue.

Ci-dessus

AUTUN (Saône-et-Loire)

La fanfare de l'Ecole militaire préparatoire

Créée en 1886, l'Ecole militaire préparatoire d'Autun est la plus vieille de France et elle a toujours été l'une des fiertés de la ville. Elle accueillait en priorité les enfants de militaires tués au combat. Elle abrite d'ailleurs le Musée national des Enfants de troupe. Baptisée depuis 1982 « lycée militaire Bernard-Gangloff », son effectif est actuellement de 700 élèves.

Ci-dessus

NEUVY-SUR-LOIRE (Nièvre)

Le « Modern' Jazz »

Les nouvelles musiques et les nouvelles danses venues d'outre-Atlantique conquièrent toute la France. Neuvy-sur-Loire a son « Modern' Jazz », dans lequel l'accordéon garde néanmoins sa place.

Ci-contre
MÂCON (Saône-et-Loire)
Le groupe « Matisconia »
Les airs et les danses traditionnelles du folklore bourguignon n'en gardaient pas moins la faveur du public. Créé en 1937, le groupe « Matisconia » (de l'ancien nom de la ville de Mâcon, *Matisco*) lui offrait des chants et des danses célébrant la vigne et le vin.

Ci-contre
LE CREUSOT (Saône-et-Loire)
J.-C. Genevois et ses solistes
Ce groupe de musiciens creusotins, qui animait les bals et les fêtes populaires, avait acquis une certaine réputation dans la région.

Ci-dessus

MÂCON (Saône-et-Loire)

Le Palais de la Foire

Inauguré en 1948 par le président de la République, M. Vincent Auriol, le Palais de la Foire accueillait au mois de mai la Foire nationale des Vins de France, qui était le grand événement de l'année dans cette capitale des vins.

Ci-dessous

MÂCON (Saône-et-Loire)

La Reine des Vins

En 1962, la Reine des Vins, élue à l'occasion de la Foire, a abandonné le costume folklorique pour une tenue « sixties ».

Ci-contre
MÂCON (Saône-et-Loire)
Le char du Pouilly-Fuissé
Chacun des crus du Mâconnais avait son char, dans le corso fleuri qui marquait l'ouverture de la foire. Ici, le char du Pouilly-Fuissé, ses charmantes vendangeuses et ses reines.
De cette époque, il reste un Salon annuel des Vins et le Concours national des Vins de France, créé en 1954 par le Comité de la foire, qui garde une image forte. Dix mille échantillons, en moyenne, y sont dégustés chaque année par une armée de 2000 dégustateurs.

Ci-contre
MÂCON (Saône-et-Loire)
Le meeting aérien
L'aérodrome de Mâcon-Charnay était à l'origine un terrain de secours pour la postale de nuit. Un aéro-club y a été créé en 1929 par un marchand de vins de Mâcon, ancien pilote de guerre. C'est lui qui a organisé en 1956, sur l'aérodrome, un meeting aérien dont on parle encore, avec la participation de la Patrouille de France, composée d'*Ouragan*, qui était dirigée par un Mâconnais. Sur la carte postale : un *De Haviland Dragon* (construit par les Britanniques pendant la Seconde Guerre mondiale) qui servait à larguer les parachutistes lors des exhibitions.

Ci-contre
SAINT-PRIX (Saône-et-Loire)
Plaisir du ski alpin au Haut-Folin
Créée dans les années 50, sur les pentes du point culminant de la Bourgogne (901 m), la station de ski du Haut-Folin revendiquait le titre de station la plus proche de Paris (300 km).
L'unique téléski, installé en 1955, permettait de monter jusqu'à une altitude de 850 m et de dévaler une piste longue… de 200 m. Mais le manque de neige, plusieurs années de suite, a fini par mettre en péril la rentabilité de la station, qui ne fonctionne plus depuis une dizaine d'années. On y pratique encore le ski de fond, néanmoins, les rares week-ends où la couche neigeuse le permet.

Ci-contre
LE CREUSOT (Saône-et-Loire)
Commune libre des 4 Chemins
Les 4 Chemins est un quartier du Creusot qui se situe au carrefour de... 5 rues. La commune libre était une association créée en 1925 par les commerçants du quartier pour organiser des fêtes au profit des enfants de familles modestes qui ne partaient pas en vacances. Il existait ainsi une équipe de rugby qui n'avait aucune prétention sportive mais qui se produisait dans des matchs humoristiques sur le terrain municipal.
La commune libre organise désormais deux brocantes par an pour offrir un repas de fin d'année aux anciens du quartier.

Ci-contre
LOCHÉ (Saône-et-Loire)
La kermesse
C'était le temps des kermesses paroissiales, organisées par M. le Curé avec le concours de ses ouailles, au profit de ses bonnes œuvres. A Loché, cette année-là, la kermesse était destinée à réunir des fonds pour la restauration de l'église. Le châtelain, M. Carron, avait ouvert le magnifique parc de sa propriété, où foisonnaient les « jeux attractifs » : le chamboule-tout (ou casse-boîte), avec des boules en chiffon, le jeu des anneaux, où l'on tentait de « pêcher » une bouteille de vin, la course à vélo sur rouleaux, chronométrée sur un grand cadran...

Ci-contre

SOLUTRÉ-POUILLY (Saône-et-Loire)

La course de côte de Solutré

Le journaliste automobile Fernand Bucchanieri est le créateur de cette course de côte qui contournait la célèbre roche de Solutré. Plus tard, il installa dans une vieille demeure le restaurant « Le Relais de Solutré », qui accueillait la famille Mitterrand lors de ses traditionnelles ascensions de la Pentecôte. C'est dans cette maison que mourut son ami Roger Couderc, en 1984.

À gauche

MAGNY-COURS (Nièvre)

Le circuit automobile Jean-Behra

Tout a commencé avec une piste de karting, créée en 1959 par le maire de la commune sur un terrain qui lui appartenait. Il la transforme en 1961 en circuit automobile, le circuit Jean-Behra, d'une longueur de 2 km (que l'on voit sur cette image de 1967). Un circuit qui est encore très rural… mais qui fut agrandi une première fois en 1971 (3,850 km) puis en 1988 pour pouvoir accueillir les Grands Prix de France de Formule 1.
Le premier Grand Prix y fut couru en 1991 et attira plus de 100 000 spectateurs.

Ci-contre
BOURBON-LANCY (Saône-et-Loire)
Le mini-golf
Les mini-golfs étaient en vogue. Celui du parc thermal, à Bourbon-Lancy, près du casino, faisait partie des attractions qu'offrait la station à ses curistes. Il a fait place à un parking mais doit être prochainement reconstitué dans une autre partie du parc thermal.

Ci-contre
BOURBON-LANCY (Saône-et-Loire)
« Le Petit Robinson »
À l'image des guinguettes des bords de Marne, « Le Petit Robinson » a été créé au début des années 50 en bordure de la rivière la Somme, dans un cadre champêtre. La population et les curistes s'y retrouvaient le samedi soir pour boire, casser la croûte et danser. La guinguette n'a pas fermé ses volets mais un bâtiment en dur a remplacé la baraque d'origine et des jeux ont été installés tout autour.

Ci-dessus
AILLANT-SUR-THOLON (Yonne)
La piscine
Aillant-sur-Tholon a été l'une des premières communes rurales de Bourgogne, en 1965, à posséder une piscine municipale, ce rêve, inaccessible à l'époque – parce que trop coûteux – de nombreux maires épris de progrès. Mais Aillant avait un maire conseiller général influent et quelques usines qui lui assuraient des revenus confortables.

À droite
MÂCON (Saône-et-Loire)
Le centre nautique
Installée au bord de la Saône, la piscine du centre nautique date de 1951. C'est l'une des fiertés de la ville, qui a toujours donné une grande importance aux sports nautiques. Sur le plan d'eau se déroulaient déjà de nombreuses épreuves d'aviron et de ski nautique.

Ci-dessous
CHATEAU-CHINON (Nièvre)
Le temps des « colos »
Dans toute la région, de nombreux châteaux en voie d'abandon ont été sauvés grâce aux colonies de vacances, les villes ou les entreprises étant pratiquement les seules, à l'époque, à avoir les moyens d'acquérir ces propriétés de famille.
C'est ainsi qu'à Château-Chinon, le château de Chaligny avait été racheté et aménagé dans les années 50 par la société IBM pour accueillir les colonies de vacances de son personnel.

Ci-dessus
FULVY (Yonne)
L'arrivée des jeunes colons
Une image qui évoque *La Cage aux Rossignols*... ou *Les Choristes*.
C'est l'entrée du château de Fulvy lors de l'arrivée des jeunes colons de l'Œuvre des Vacances populaires enfantines de Malakoff (92).

Ci-contre

CULLES-LES-ROCHES (Saône-et-Loire)

« La Solitude Saint-Charles »

Le salut aux couleurs faisait partie des rites quotidiens de la colonie de vacances de l'abbé Armand Chanselle. Propriétaire de cette grande maison et aumônier de l'hôpital de Clamart, l'abbé y accueillait chaque été une quarantaine d'enfants de milieux défavorisés de la banlieue parisienne, en s'inspirant, pour le règlement, des principes du scoutisme. « La Solitude Saint-Charles » a hébergé sa dernière colonie en 1978. Vendue l'année suivante, elle est aujourd'hui la résidence de Mme le Maire. Mais d'anciens petits colons continuent de s'y réunir chaque année pour évoquer cette période heureuse de leur enfance dans le joli village de Culles-les-Roches.

Ci-contre

LES MAILLYS (Côte-d'Or)

Le Château des Maillys

Le château des Maillys, avec sa superbe toiture en tuiles vernissées, hébergeait chaque été la colonie de vacances de la Caisse des écoles du 5e arrondissement de Paris. Il s'ouvrait aussi aux vacances de Pâques pour des stages de formation des futurs moniteurs. Une grande partie du bâtiment a malheureusement été détruite par les flammes.

À droite
MÂCON (Saône-et-Loire)
L'école Notre-Dame
L'école de filles Notre-Dame était installée dans un magnifique parc, dans un quartier résidentiel de Mâcon. Elle a fusionné, depuis lors, avec un autre établissement catholique, le lycée Ozanam, qui accueille garçons et filles, désormais, de la maternelle au BTS.

Ci-dessus
SAINT-MAURICE-DE-SATONNAY (Saône-et-Loire)
L'école des filles
Un gala de fin d'année à l'école des filles.

Ci-contre
BERZÈ-LE-CHATEL (Saône-et-Loire)
Fête folklorique
De nombreux villages avaient leur groupe folklorique, qui fonctionnait le plus souvent dans le cadre de la paroisse. Ces charmants groupes allaient bientôt connaître, localement, la redoutable concurrence des troupes de majorettes – créées par des associations laïques – dont la mode, venue des Etats-Unis, s'est rapidement répandue dans toute la France. Au premier plan, précédé par une pancarte, le groupe La Sardane, de Chaintré.

Allumeurs
DUCELLIER
Fleches
ESSENCE
SHELL
13 km

Visiter la Bourgogne

À gauche
SAINTE-MAGNANCE (Yonne)
Sur la nationale 6
Dans les années 50, les queues de voitures étaient déjà fréquentes dans les bourgs traversés par la nationale 6. La 4 CV était sortie en 1946, la 2 CV en 1948. L'automobile devient un moyen de transport populaire et on entend parler des premiers « bouchons » sur les routes.

À gauche
LA ROCHEPOT (Côte-d'Or)
Le château
Perché depuis le XIIIe siècle sur un éperon rocheux qui domine la nationale 6, le château de La Rochepot a été tout à la fois admiré et détesté par les automobilistes. Avant l'ouverture de l'autoroute, lors des grandes migrations estivales, la côte de La Rochepot était en effet souvent le théâtre de bouchons monstrueux qui leur imposaient le trop long spectacle de ce bel édifice chargé d'histoire, qui appartint à l'ancien président de la République Sadi-Carnot.

En 1955, Charles Trénet chante la nationale 7, « route des vacances qui traverse la Bourgogne et la Provence »... Étonnement des Bourguignons : en réalité, la RN 7 ne fait que frôler la Bourgogne, du côté de Nevers, et pour la majorité des automobilistes parisiens, la vraie route des vacances est la RN 6, qui est bourguignonne, quant à elle, sur plus de la moitié de son itinéraire.
Elle permet de parcourir et d'admirer en particulier tous les vignobles de l'appellation, depuis ceux de l'Auxerrois et de Chablis jusqu'à ceux du Mâconnais, en passant par Beaune, la capitale des vins de Bourgogne, et la Côte Chalonnaise.
La RN 6 a eu sa révolution, elle aussi : l'arrivée de l'autoroute, construite à partir de 1960 pour faire face à un trafic toujours croissant. Cette longue saignée va soulager, certes, des villages qui avaient découvert une nouvelle signification du mot « bouchon », mais elle va perturber leur économie en les privant d'une importante clientèle touristique. Il leur faudra quelques années pour trouver un nouvel équilibre.
C'est en suivant cette ancienne route nationale 6, récemment départementalisée, que je vous propose de commencer notre promenade vagabonde dans le temps et dans l'espace bourguignon.

Ci-contre en haut et en bas

SAULIEU (Côte-d'Or)

Une capitale gastronomique

À mi-chemin entre Paris et Lyon, Saulieu a été longtemps l'étape idéale des automobilistes qui empruntaient la RN 6 et qui pouvaient y trouver la plus belle concentration d'établissements gastronomiques.

Le plus célèbre était « La Côte-d'Or », grâce à son chef, Alexandre Dumaine (originaire de Digoin), qui avait obtenu la troisième étoile Michelin dès 1940 et qui resta aux fourneaux jusqu'en 1964. Le Tout-Paris qui descendait vers la Côte d'Azur, à l'occasion du Festival de Cannes, et les célébrités du monde entier s'y donnaient rendez-vous. « Le Michelin devrait écrire : Paris-Dumaine, 260 km », prétendait le romancier Yves Gandon.

Bernard Loiseau a pris le relais en 1975, à l'âge de 24 ans, et a rendu une notoriété internationale à une maison qui commençait à souffrir de la concurrence de l'autoroute et de l'avion. Son épouse, Dominique, fait mieux que maintenir cette renommée.

En face de « La Côte-d'Or », « L'Hôtel de la Poste » a été longtemps son principal concurrent. Son chef, Victor Burtin, avait décroché les trois étoiles Michelin, lui aussi, dans les années 30.

« Au Petit Marguery » et « L'Hôtel de la Renaissance », aux prix plus doux, complétaient la carte des restaurants de la commune.

Ci-dessous

CUSSY-LES-FORGES (Yonne)

« L'Hôtel-restaurant de la Providence »

Avant la mise en service de l'autoroute A6 (en 1963), la circulation était très importante et la concurrence sévère entre les nombreux restaurants de la commune. C'est à Cussy-les-Forges, en bordure de la nationale, qu'a été ouvert en 1964 le deuxième restaurant « Courtepaille », créé par un restaurateur de Rouvray, M. Jean Loisier. Il y en a aujourd'hui 191 en France. Les fourneaux de « L'Hôtel de la Providence », en revanche, sont éteints depuis longtemps.

Ci-contre

BASSOU (Yonne)

« Oasis Paris-Nice »

C'est à Bassou, dit-on, qu'a été inventée la recette de la beurrée d'escargots, il y a plus de deux cents ans, et l'hôtel-restaurant de M. Sylvestre, dans le parc des Tilleuls, faisait honneur à la réputation gastronomique de la commune. Ce bel établissement est devenu une maison d'habitation, mais Bassou reste célèbre pour ses escargots, préparés sur place et vendus sous la marque Billot, ainsi que pour son Festival de l'Escargot qui a lieu tous les deux ans.

Ci-contre

ARNAY-LE-DUC (Côte-d'Or)

« Chez Camille »

L'hôtel-restaurant « Chez Camille », installé dans une maison du XVIe siècle, a été l'une des haltes gastronomiques les plus réputées de la RN 6. Edouard Herriot, le maire de Lyon, ne manquait jamais de s'y arrêter. L'actuel propriétaire, Armand Poinsot, y a fait son apprentissage, puis il est monté à Paris. En 1981, apprenant que la maison était en vente et ne trouvait pas de repreneur, il l'a rachetée, avec son épouse, et lui a redonné toute sa renommée. On y est servi, comme autrefois, par des Bourguignonnes en tenue et les traditionnelles recettes régionales (escargots, jambon persillé, œufs en meurette, coq au vin) n'ont pas pris une ride.

Ci-dessus

AUXERRE (Yonne)

Le bar « Sainte-Nitasse »

Signalé par sa gigantesque bouteille de Chablis, le bar « Sainte-Nitasse » (du nom du lieu-dit) faisait aussi relais routier et station-service, répondant ainsi à tous les besoins de l'automobiliste de passage. En 1963, les travaux d'aménagement de la nationale ont obligé la propriétaire à transférer son établissement 300 m plus loin. C'est aujourd'hui « L'Hôtel Sainte-Nitasse », qui est resté dans la même famille et qui est toujours une halte très appréciée des routiers. « Je travaille pour ceux qui travaillent », dit fièrement la patronne. À la place du bar, il y a désormais un rond-point (un de plus !).

À droite
MOREY-SAINT-DENIS (Côte-d'Or)
« Le Relais des Grands Crus »
Ancien relais de poste, « Le Relais des Grands Crus », a résisté à l'arrivée de l'autoroute parce qu'il n'est qu'à 5 km de la sortie de Nuits-Saint-Georges et qu'il avait déjà une solide réputation auprès des routiers. La salle de restaurant a même été agrandie pour accueillir, le soir, des chauffeurs qui peuvent paisiblement déguster les vins de la région puisqu'ils dorment ensuite dans leur camion garé sur le parking.

Ci-dessus
IVRY-EN-MONTAGNE (Côte-d'Or)
« L'Escale »
Le restaurant de « L'Escale », à Ivry-en-Montagne, était l'archétype de ces relais route créés au début des années 50 au long de la nationale 6 pour faire face au développement de la circulation automobile. Dernier cri du progrès, ils offraient tous les services que pouvaient attendre l'automobiliste et son véhicule. D'un côté de la route, le restaurant et quelques chambres, de l'autre le garage, avec une pompe à essence de part et d'autre. La construction de l'autoroute du Sud, dont les travaux commencent en 1960, va naturellement réduire leur activité. Le restaurant, qui végétait, a fermé en 2004 et le garage attend un repreneur.

Ci-contre
APPOIGNY (Yonne)
L'exposition des poteries d'Accolay
Tous les automobilistes se souviennent de ces alignements de poteries multicolores, en bordure de la nationale 6. Les potiers du village voisin d'Accolay avaient acquis cet emplacement privilégié pour y installer un magasin de vente et d'exposition… et un vaste parking qui permettait aux touristes de s'arrêter et de faire leurs emplettes. Réalisées avec de la terre de la Puisaye, les poteries d'Accolay ont connu un grand succès et elles sont à nouveau recherchées par les collectionneurs. Le magasin a fermé en 1989.

RESTAURANT
RELAIS des GRANDS CRUS
CAFÉ
RESTAURANT
LES ROUTIERS
P
LES ROUTIERS
Verveine
INFUSIONS · THE
Fagès
à la pause Coca-Cola
désaltère le mieux!
RICARD
RICARD
COGNAC
MARTELL
COGNAC
MARTELL
PAMPRYL
PAMPRYL

À droite
VÉZELAY (Yonne)
La colline éternelle
La « colline éternelle » n'a rien perdu de son rayonnement, au fil des siècles. Dominée par son admirable basilique romane, dédiée à sainte Marie-Madeleine, elle n'a cessé d'attirer les pèlerins et les touristes, le nombre de ceux-ci ne cessant de croître, toutefois, aux dépens des premiers. En 1948, le 8e centenaire du lancement de la deuxième croisade par saint Bernard avait réuni 40 000 fidèles. Le grand pèlerinage de la Sainte-Madeleine, le 22 juillet, n'en rassemble plus que quelques milliers. En revanche, le nombre des touristes dépasse allégrement les 800 000 chaque année.

Ci-dessus
SOLUTRÉ-POUILLY (Saône-et-Loire)
La roche de Solutré
Il y avait plus de troupeaux de chèvres que de promeneurs, à l'époque, sur les chemins qui mènent à la roche de Solutré. Leur lait donnait de savoureux petits fromages qu'on appelait des « boutons de culotte » et que les fermières faisaient sécher dans des garde-manger. Mais les friches où elles allaient pâturer chaque jour sous la conduite de la bergère se sont réduites comme peau de chagrin pour faire place à la vigne et répondre à la demande croissante de vins d'appellation Pouilly-Fuissé. Le bouton de culotte, lui, demeure et prospère, même si les chèvres, aujourd'hui, passent plus de temps à l'étable que dans la nature. Il a reçu en 2006 l'Appellation d'Origine Contrôlée sous le nom de Mâconnais.

CIM

À gauche

BEAUNE (Côte-d'Or)

L'Hôtel-Dieu

Les « bonnes sœurs » de l'Hôtel-Dieu de Beaune ont eu leur heure de célébrité en 1966 grâce au film de Gérard Oury *La Grande Vadrouille* où l'on voyait l'une d'entre elles, cornette au vent, s'échapper de la mairie de Meursault en menant à bride abattue une carriole à cheval… Elles ont quitté ce magnifique bâtiment du XVe siècle en 1971, lorsque les salles réservées jusqu'alors aux malades ont été désaffectées et ouvertes à la visite. Mais l'aménagement de la salle principale, avec ses alcôves, a été maintenu en l'état.

Ci-contre

ALISE-SAINTE-REINE (Côte-d'Or)

Alésia

La statue de Vercingétorix qui se dresse depuis 1865 au sommet du mont Auxois, sur la commune d'Alise-Sainte-Reine, rappelle qu'à cet endroit s'est déroulée la fameuse bataille d'Alésia, en 52 avant Jésus-Christ, qui opposa le chef gaulois à Jules César.

Les fêtes organisées pour son bimillénaire, en 1952 – au cours desquelles Vercingétorix fut reconnu « premier résistant de l'histoire de France » – ont réveillé une autre bataille, entre historiens cette fois : d'autres communes prétendent en effet avoir été le théâtre de cet affrontement entre les troupes gauloises et les légions romaines : Alaise (Jura), Aluze (Saône-et-Loire), Novalaise (Savoie). Mais il ne fait plus guère de doute, aujourd'hui, qu'il a bien eu lieu à Alise-Sainte-Reine, dans cette plaine des Laumes qui s'étend 160 m sous les pieds de la statue.

Ci-dessus

TONNERRE (Yonne)

La Fosse Dionne

Les lavandières de Tonnerre peinaient autant qu'ailleurs mais elles battaient le linge dans l'un des plus beaux lavoirs que je connaisse. Construit au XVIIIe siècle, par le père de l'illustre chevalier d'Eon, sur une puissante émergence vauclusienne, la Fosse Dionne, c'est le seul lavoir circulaire de France. Les laveuses l'ont abandonné depuis longtemps mais il reste le site le plus visité de Tonnerre.

Ci-contre

PARAY-LE-MONIAL (Saône-et-Loire)

La basilique du Sacré-Cœur

Cette superbe basilique romane a été dédiée au Sacré-Cœur à la suite d'une apparition du Christ à une religieuse du monastère de la Visitation, à Paray-le-Monial, Marguerite-Marie Alacoque, en 1673. « Voici ce cœur qui a tant aimé les hommes », lui avait dit le Christ. Ainsi naquit la dévotion au Sacré-Cœur qui attirait 250 000 à 300 000 pèlerins, dans les années 60.

Ci-contre

AVALLON (Yonne)

L'église Saint-Martin, place Vauban

Le tourisme n'avait pas encore la place qu'il occupe aujourd'hui, dans l'économie de la région. Le syndicat d'initiative d'Avallon n'avait droit qu'à une modeste guérite sur la place Vauban, à l'ombre de l'église Saint-Martin. Ce nom de « syndicat d'initiative », d'ailleurs, allait bientôt tomber en désuétude. Il n'y a plus, désormais, que des « offices de tourisme », appellation jugée plus noble. Les SI ont fait place aux OT et leurs moyens comme leurs locaux ont été améliorés.

À gauche

SAINT-FARGEAU (Yonne)

Le château

Vu du parc, ce château du XVe siècle où Jean d'Ormesson situa son roman *Au plaisir de Dieu* avait encore fière allure, avec ses six tours identiques. Mais les toitures, les appartements et certains corps de bâtiment étaient déjà en voie de délabrement. Il a fallu attendre 1979 pour qu'arrive son sauveteur : Michel Guyot, qui a eu l'audace d'y créer un somptueux spectacle historique, avec la collaboration bénévole des habitants de la commune de Saint-Fargeau, pour financer la restauration du château. Pari gagné. Visite fortement conseillée.

Ci-contre

LA CLAYETTE (Saône-et-Loire)

Le château

Le château de La Clayette se mirant dans l'eau de ses douves : c'est l'image la plus connue de ce chef-lieu de canton de 2 000 habitants qui était, dans les années soixante, la plus petite ville de France à posséder un bureau PMU. Et les recettes de ce bureau étaient les plus fortes de France, eu égard au nombre des habitants. L'explication : La Clayette a toujours été un centre d'élevage hippique, dont les chevaux brillaient sur tous les champs de courses. Le plus célèbre, Karolyne, avait remporté le Prix du Président de la République en 1958. Elle possède, d'ailleurs, son propre champ de courses, qui accueille deux réunions par an.

À droite
SEMUR-EN-BRIONNAIS (Saône-et-Loire)
La place et l'église romane
« Le Brionnais n'est qu'une immense pâture, quadrillée de haies », peut-on lire dans une publication de 1970. Il est vrai que c'est une riche terre d'élevage et que ses bœufs blancs apportent une jolie note de couleur dans le paysage, mais le Brionnais offre aussi aux regards un chapelet d'églises romanes de toute beauté, qui ont été édifiées entre le XIe et le XIIe siècle par les moines bâtisseurs de Cluny. Celle de Semur-en-Brionnais date du XIIe siècle, avec un clocher octogonal du XIIIe.

Ci-dessus
SEMUR-EN-AUXOIS (Côte-d'Or)
Un patrimoine préservé
La belle cité médiévale de Semur-en-Auxois, sur les bords de l'Armançon, a traversé toutes les années d'après-guerre sous la houlette d'un seul maire : Robert Morlevat, qui resta à la tête de la commune pendant cinquante-deux ans ! Élu en 1937, il n'abandonna son écharpe qu'à sa mort, en 1989. Au fil de ces décennies, écrivait-il fièrement en 1988, « la grosse bourgade rurale de 1937 s'est transformée en une cité urbaine avec toutes ses réalisations administratives, scolaires, sportives, sanitaires, sociales et culturelles ». Elle a su préserver, en même temps, son riche patrimoine historique et ses traditions, comme la Course à la Bague, la plus ancienne course à cheval de France, le 31 mai.

Index des noms de lieux

Côte-d'Or (21)
ALISE-SAINTE-REINE : 133
ARNAY-LE-DUC : 126 b
BEAUNE : 9, 12, 14 h, 15 h, 15 b, 18 d, 19 h, 82, 132
DIJON : 64 h, 64 b, 65 h, 65 b, 66, 67, 141
IVRY-EN-MONTAGNE : 128 h
LECHATELET :102 b
MAILLYS (LES) : 117 b
MONTBARD : 62
MOREY-SAINT-DENIS : 129
NANTOUX : 28
PONT : 27
PONT-ET-MASSÈNE : 96, 98 g
PULIGNY-MONTRACHET : 14 b
QUEMIGNY-POISOT : 56
ROCHEPOT (LA) : 122
SAINT-ANDEUX : 10
SAINT-JEAN-DE-LOSNE : 68
SAINT-SEINE-L'ABBAYE : 35
SAULIEU : 124 h, 124 b
SEMUR-EN-AUXOIS : 138
VENAREY-LES-LAUMES : 77

Nièvre (58)
ASNOIS : 26 h, 46
BRASSY : 25, 99 b
CHAMPVERT : 76
CHARITE-SUR-LOIRE (LA) : 69, 101
CHATEAU-CHINON : 58 b, 99 h, 116 g
GARCHY : 45 b
LIVRY : 47
MAGNY-COURS : 112 b
MAISON-DIEU (LA) : 36
MHÈRE : 41
MOUX-EN-MORVAN : 37, 98 d
NEUVY-SUR-LOIRE : 106
NEVERS : 60, 100 b, 103 h
SAINT-AMAND-EN-PUISAYE : 52 h
SAINT-HONORÉ-LES-BAINS : 102 h
SAINT-PIERRE-LE-MOUTIER : 42 b
TEIGNY : 33

Saône-et-Loire (71)
AUTUN : 45 h, 50 d, 105
BERGESSERIN : 43
BERZÉ-LE-CHATEL : 118 b
BLANZY : 72, 74
BOURBON-LANCY : 113 h, 113 b
BURGY : 17, 21
BUSSIERES : 24 b
BUXY : 71
CHAINTRÉ : 104 h
CHALON-SUR-SAONE : 88 h, 94, 104 b
CHARNAY-LES-MÂCON : 16 d
CHAROLLES : 51
CLAYETTE (LA) : 137
CREUSOT (LE) : 78, 79, 80, 81, 107 b, 111 h
CULLES-LES-ROCHES : 117 h
DIGOIN : 70
GIVRY : 58 h
JOUDES : 26 b
LOCHÉ : 111 b
LOUHANS : 54, 55
MÂCON : 16 g, 19 b, 20 b, 88 b, 89, 90, 91 h, 91 b, 92 h, 92 b, 93 h, 93 b, 107 h, 108 g, 108 d, 109 h, 109 b, 115, 119
MONTCEAU-LES-MINES : 73
PARAY-LE-MONIAL : 134 b
ROUSSILLON-EN-MORVAN : 57
SAINT-AGNAN : 48
SAINT-CHRISTOPHE-EN-BRIONNAIS : 50 g
SAINT-FORGEOT : 75 b
SAINT-GERMAIN-DU-BOIS : 22, 52 b, 53
SAINT-MAURICE-DE-SATONNAY : 118 h
SAINT-MAURICE-EN-RIVIERE : 32
SAINT-PRIX : 110
SANVIGNES-LES-MINES : 73, 75 h
SEMUR-EN-BRIONNAIS : 139
SOLUTRÉ-POUILLY : 112 h, 130
TOURNUS : 83, 84, 85
VEROSVRES : 34 h, 34 b
VINZELLES : 49

Yonne (89)
ACCOLAY : 128 b
AILLANT-SUR-THOLON : 114
APPOIGNY : 103 b, 128 b
AUXERRE : 86, 87 h, 87 b, 127
AVALLON : 135
BASSOU : 126 h
COURGIS : 23
CUSSY-LES-FORGES : 125
DIXMONT : 38
DOMATS : 59 d
ESCOLIVES-SAINTE-CAMILLE : 30
FULVY : 42 h, 116 d
IRANCY : 20 g, 20 h
MALAY-LE-GRAND : 39
ROGNY-LES-SEPT-ECLUSES : 40
SAINT-FARGEAU : 136
SAINTE-MAGNANCE : 120
SENS : 100 h
THORIGNY-SUR-OREUSE : 44
TONNERRE : 134 h
VALLAN : 59 g
VEZELAY : 131

Crédits photographiques

Toutes les photographies de cet ouvrage sont issues du fonds Combier constitué par la donation de Marc Combier en 1974 et conservé au musée Nicéphore-Niépce 71100 Chalon-sur-Saône. www.museeniepce.com

Remerciements

Pierre Bonte remercie les municipalités et les offices de tourisme qui ont bien voulu compléter ou rafraîchir ses souvenirs.

Marc Combier remercie vivement
toute l'équipe du musée Niépce qui a permis les recherches avec le meilleur confort,
Pauline et Martin Combier qui ont collaboré aux premières sélections d'images et
Anne-Françoise Tixier pour son assistance personnelle dans l'élaboration de la sélection.

Introduction 6

Par les champs et les vignes 11

Au village sans prétention... 29

A la ville je veux bien y aller 61

Un dimanche en Bourgogne 95

Visiter la Bourgogne 123

Index des noms de lieux 140